ORIGAMI
Faltspaß für Kinder

R. Lucio, J. Spütz

ORIGAMI
Faltspaß für Kinder

Die Deutsche Bibliothek – CIP-Einheitsaufnahme
Origami: Faltspaß für Kinder / R. Lucio; J. Spütz
Wiesbaden: Englisch, 2000
ISBN 3-8241-0886-0

© by Englisch Verlag GmbH, Wiesbaden 2000
ISBN 3-8241-0886-0

Alle Rechte vorbehalten. Nachdruck, auch auszugsweise, verboten.
Fotos: Frank Schuppelius
Printed in Spain

Das Werk und seine Vorlagen sind urheberrechtlich geschützt, jede Verwertung oder gewerbliche Nutzung der Vorlagen und Abbildungen ist verboten und nur mit ausdrücklicher Genehmigung des Verlages gestattet. Dies gilt insbesondere für die Nutzung, Vervielfältigung und Speicherung in elektronischen Systemen und auf CDs. Es ist deshalb nicht erlaubt, Abbildungen und Bildvorlagen dieses Buches zu scannen, in elektronischen Systemen oder auf CDs zu speichern oder innerhalb dieser zu manipulieren.

Die Ratschläge in diesem Buch sind von den Autoren und dem Verlag sorgfältig erwogen und geprüft, dennoch kann eine Garantie nicht übernommen werden. Eine Haftung der Autoren bzw. des Verlages und seiner Beauftragten für Personen-, Sach- und Vermögensschäden ist ausgeschlossen.

Inhaltsverzeichnis

Vorwort 7

Kunterbunte Faltideen 8

Am Teich 8

Der „Puste-Schwan" 9
Die Seerose 12
Das Seerosenblatt 14
Der „Hüpf-Frosch" 16
Das Schilfgras 18
Der Goldfisch 20

Bunte Origamiwelt 23

Der große Elefant 24
Der kleine Elefant 27
Die Maus 30
Das Käsestück 33
Das Häuschen 35
Der Kastanienbaum 38

Schachteln 40

Die Würfelschachtel mit Deckel 42
Bausteinschachtel 44
Die Ziegelsteinschachtel 46
Die Umverpackung
für die Bausteinschachteln 47
Die Sonnenblumenschachtel 48

Spielzeug 50

Die Frisbeescheibe 52
Der Kullerfisch 54
Der Papierflieger 56
Das Becherspiel 57
Der bunte Kreisel 59
Das Windrad 61
Faltgrundformen 63

Vorwort

Aus einem flachen Stück Papier einen plastischen Gegenstand entstehen zu lassen, ohne schneiden oder kleben zu müssen, das macht die besondere Faszination der traditionellen Papierfaltkunst Origami aus.

Mag die Technik auch noch so alt sein, die Ideen gehen den Origamikünstlern nicht aus. Immer wieder kommen neue Figuren hinzu, werden alte Formen so abgewandelt, dass etwas ganz Neues entsteht.

„Entdecke die verschiedenen Möglichkeiten" ist deswegen auch das Motto dieses Origami-Buches. Aus einer Grundform können zwei unterschiedliche Gegenstände gefaltet werden. Verschiedene Figuren und Modelle können zusammen eine neue Spielidee ergeben.

Das spielerische Element steht denn auch im Mittelpunkt dieses Buches. Die gezeigten Figuren und Gegenstände sollen Spaß machen, sowohl beim Falten als auch hinterher beim Spielen oder Dekorieren.
Alle Modelle sind Anregungen zur eigenen Kreativität. Wir hoffen, Ihnen dafür die entsprechenden Anstöße geben zu können.

Kunterbunte Faltideen

Am Teich

Wasser fasziniert Kinder, und sie möchten vor allem gerne etwas auf der Wasseroberfläche schwimmen lassen. Für den Schwan sollte man sich ein ruhiges Gewässer aussuchen. Majestätisch schwimmt er auf dem Teich herum, umgeben von wunderschönen Origami-Seerosen und Seerosenblättern. Aber auch mit dem stolzen Schwan kann man sein Spielchen treiben. Wer ihn schneller schwimmen lassen will, pustet einfach von hinten in das aufgestellte Federkleid. Voraussetzung ist nur eine glatte Oberfläche, da eignet sich ein abgeräumter Tisch genauso wie ein Parkett-Fußboden.

Rund um den Teich haben sich im Schilfgras die Frösche zu einem ganz speziellen Konzert versammelt. Doch so ein Fröschlein kann nicht nur hervorragend singen, es kann auch wunderbar hüpfen. Hierfür muss man einfach mit dem Daumennagel zwischen den Hinterbeinen aufdrücken, zur Not kann man ihm auch einen Stups mit dem Mittelfinger versetzen. Mal sehen, wer beim Zielspringen aufs Teichblatt oder in den Teich der Gewinner ist.

Natürlich schwimmen in dem Teich auch Fische. Um die farbenprächtigen Goldfische wieder herauszuholen, braucht man sich nur eine kleine Angel bestehend aus einem Stöckchen, einer kleinen Schnur und einem Haken, zum Beispiel aus einer Büroklammer, zu basteln.

Tipp: Der Frosch lässt sich auch aus einem Geldschein falten. Eine nette Idee für alle, die eine Banknote nicht einfach so verschenken möchten.

Der „Puste-Schwan"

Papierformat:
15 x 15 cm
Faltbeginn: Die farbige Seite liegt unten.

1. Zu Beginn faltet man eine diagonale Talfalte und entfaltet sie.
2. Die seitlichen Spitzen werden dann an die gefundene Diagonale gefaltet.
3. Die Figur sieht jetzt so aus und wird gewendet.
4. Die untere Spitze wird nun nach oben im abgebildeten Bereich talgefaltet.
5. Man legt eine Bergfalte im mittleren Bereich und entfaltet wieder.

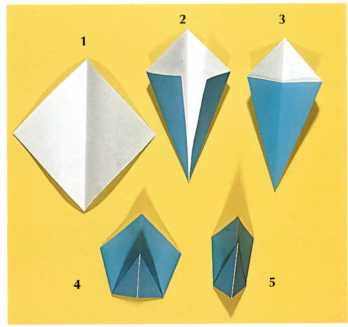

6. Die unteren seitlichen Spitzen werden an die senkrechte Mittelfalte gebracht.
7. Die beiden auf der Rückseite liegenden Dreiecke werden nach vorne gebracht.
8. Zwei kleine Talfalten im oberen Bereich der mittleren Spitze bilden den Kopf des Schwans.
9. Nun talfaltet man durch die beiden sichtbaren Diagonalen im unteren Bereich.
10. Falten Sie die mittlere Bergfalte und drücken Sie die Flügel nach unten auf die Fläche. Den Kopf fassen Sie mit Daumen und Zeigefinger an und ziehen ihn leicht nach oben. Unser „Puste-Schwan" ist fertig.

Von hinten angepustet, bewegt er sich sowohl auf einer Wasser- als auch auf einer glatten Tischoberfläche majestätisch vorwärts.

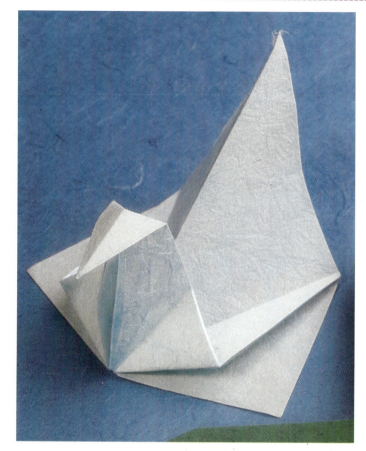

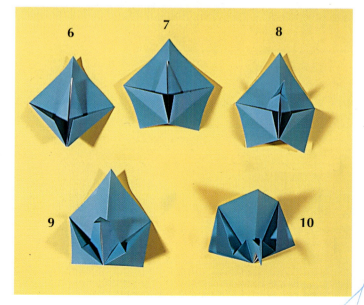

Die Seerose

Papiergröße: 15 x 15 cm
Faltbeginn: Die farbige Seite liegt unten.

1. Man beginnt mit zwei diagonalen Talfalten und wendet die Figur.
2. Jetzt werden zwei Talfalten im abgebildeten Bereich gefaltet und wieder entfaltet, die äußeren Spitzen bringt man auf den Mittelpunkt, wobei man gleichzeitig das Papier zusammenschiebt.
3. Es ist ein zusammengeschobenes Quadrat entstanden. Nun wird die untere Spitze an die obere Spitze talgefaltet. Den Faltvorgang wiederholt man auf der Rückseite.
4. Nun falten Sie die linke seitliche Spitze an die rechte Spitze und wiederholen hinten gleichfalls den Faltvorgang.
5. Erneut wird die untere Spitze an die obere Spitze talgefaltet und der Faltvorgang hinten wiederholt.
6. Es ist jetzt ein Dreieck entstanden. Legen Sie nun Talfalten im abgebildeten Bereich an und entfalten Sie sie wieder.
7. Die linke Spitze der oberen Lage wird auf die rechte Spitze talgefaltet.
8. Bringen Sie dann die rechte Kante der oberen Lage auf die senkrechte Mitte und drücken Sie eine Tüte flach.
9. Die linke Spitze dieser Tüte wird auf die rechte Spitze talgefaltet.
10. Wiederholen Sie diesen Faltvorgang mit den drei verbleibenden Spitzen.
11. Gemeint ist es in dieser Folge.
12. Unsere Seerose sieht jetzt so

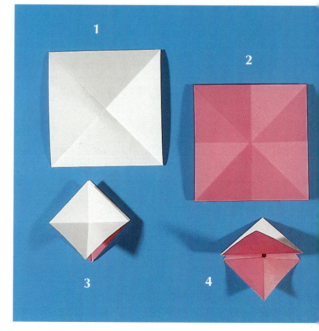

aus. Nun wird die untere Spitze der vorderen Lage an die obere Spitze gefaltet. Die beiden dabei entstehenden seitlichen Dreiecke werden nach außen hin flachgedrückt.
13. Dieser Faltvorgang wird auf der Rückseite wiederholt.
14. Bringen Sie nun die beiden Zwischenlagen auch in die Reihenfolge.
15. Ziehen Sie innen zwei gegenüberliegende Spitzen vorsichtig auseinander. Dabei formt sich auch die Mitte rund aus. Wenn Sie abschließend noch einige Blätter in verschiedenen Größen und Farben falten, kann man die Seerose mit Blättern getrost aufs Wasser setzen.

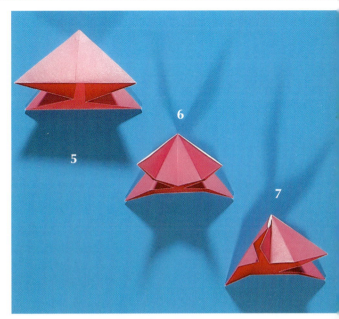

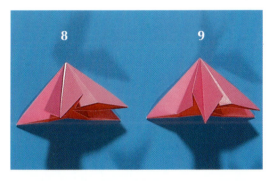

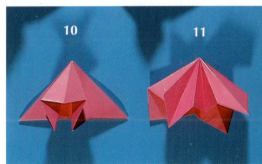

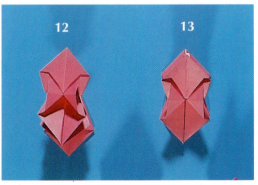

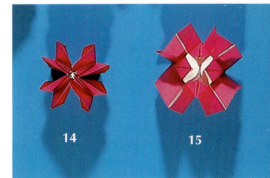

Das Seerosenblatt

Papierformat: 15 x 15 cm
Faltbeginn: Die farbige Seite liegt unten.

1. Das Blatt wird zweimal diagonal talgefaltet und wieder entfaltet.
2. Die gegenüberliegenden seitlichen Spitzen werden an die senkrechte Mitte gebracht und wieder entfaltet.
3. Nun bringt man erneut die beiden seitlichen Spitzen aus umgekehrter Richtung an die Mittelfalte.
4. Die seitlichen Spitzen werden im angegebenen Bereich talgefaltet.
5. Nun bringt man die seitlichen Teile mit beiden Händen zusammen und formt sie zu kleinen Dreiecken an der Mittelfalte, dann faltet man sie nach oben.
6. Die obere Spitze wird nach unten an die untere Spitze berggefaltet.
7. Unser Blatt sieht jetzt so aus.
8. Man bringt nun zwei Tal- und eine Bergfalte im angegebenen Bereich an. Dabei werden die Kanten der oberen Lage zur Mitte hin zusammengefaltet. Es entsteht dabei ein langes Dreieck.
9. Eine Talfalte wird im oberen Bereich gefaltet und wieder entfaltet.
10. Aus der entstandenen Faltung drückt

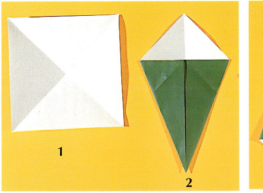

man eine Tüte flach.
11. Zuerst werden danach die Talfalten im seitlichen Bereich der Tüte gefaltet und entfaltet. Nun muss man diese Tüte nach unten talfalten, dabei ziehen sich die seitlichen Teile zur Mitte hin.
12. Die untere Spitze wird jetzt darunter gesteckt und angedrückt.
13. Die sechs äußeren kleinen Spitzen faltet man um und wendet das Blatt.
14. Unser Seerosenblatt ist fertig!

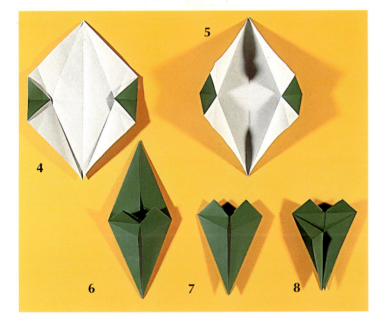

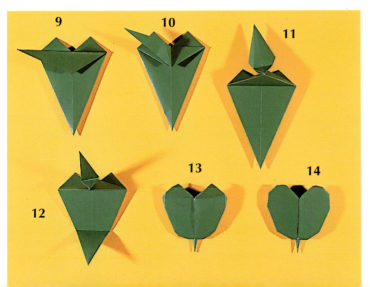

15

Der „Hüpf-Frosch"

Papiergröße: 15 x 15 cm
Faltbeginn: Die farbige Seite liegt unten.

1. + **2.** Schneiden Sie das Papier in der Hälfte auseinander.
3. Die rechte Kante wird auf die linke Kante talgefaltet und wieder entfaltet.
4. Die beiden oberen, seitlichen Spitzen werden an die Mittelfalte talgefaltet und wieder entfaltet.
5. Nun muss man die beiden unteren Spitzen an die senkrechte Mitte falten und wieder entfalten.
6. Jetzt wenden Sie die Figur.
7. Jetzt muss man noch zwei Tal-

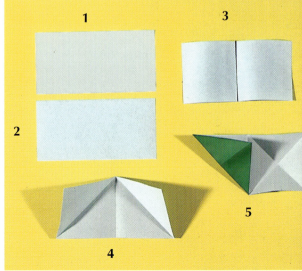

falten im abgebildeten Bereich anlegen und wieder entfalten.

8. Schieben Sie im Anschluss das Papier zur Mitte hin zusammen.

9. Beide seitlichen Spitzen werden auf die gegenüberliegenden Spitzen talgefaltet und wieder entfaltet.

10. Die Spitzen der vorderen Lage werden nach oben und unten talgefaltet.

11. Legen Sie die Talfalten im angegebenen Bereich an.

12. Es sind jetzt die vier Beinchen entstanden und die Figur kann gewendet werden. Jetzt muss man eine Talfalte im senkrechten Bereich falten und entfalten.

13. Die Figur sieht jetzt so aus.

14. Jetzt muss man sich entscheiden, was der Kopf werden soll. Die beiden seitlichen Spitzen werden an die Mitte talgefaltet.

15. Unser Frosch sieht jetzt schon so aus. Dann wird das untere Dreieck nach oben gefaltet, und zwar bis zur unteren Kante der beiden Dreiecke.

16. Dabei bilden sich an den Beinchen kleine Dreiecke, diese muss man Richtung Mitte falten. Die großen Dreiecke werden leicht angehoben und in die seitlichen Taschen des unteren Dreiecks gesteckt. Wenden Sie nun die Figur.

17. Legen Sie eine Talfalte im abgebildeten Bereich an.

18. Es folgt nun eine Talfalte im unteren Bereich. Dieses ist die Sprungfeder für unser Fröschlein. Wenden Sie die Figur.

19. Wenn Sie auf das mittlere kleine Dreieck drücken und loslassen, ist unser Frosch zum Springen bereit.

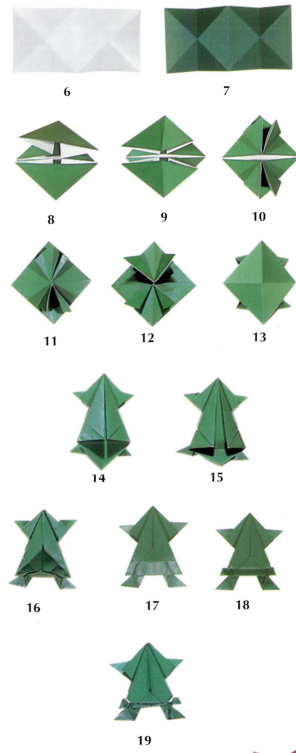

Das Schilfgras

Papierformat: 15 x 15 cm
Faltbeginn: Die farbige Seite liegt oben.

1. Das Motiv beginnt man mit zweimaligem Bergfalten im angegebenen Bereich.
2. Danach muss man zweimal talfalten im abgebildeten Bereich und die Figur wenden.
3. Schieben Sie die Form nun zu einem Dreieck zusammen. Die Spitze zeigt nach unten.
4. Die Form sieht jetzt so aus und man faltet die linke Spitze der oberen Lage nach links.
5. Jetzt legt man eine Talfalte mit der oberen Lage im abgebildeten Bereich an.
6. Danach legt man eine Talfalte mit der nächsten Lage an.
7. Mit der letzten Lage entsteht eine Talfalte im abgebildeten Bereich.
8. Unser Schilfgras sieht jetzt so aus. Die Figur muss nun gewendet werden.
9. Falten Sie die untere Spitze an die obere Kante. Die Figur wird wieder gewendet.
10. So sieht unser Schilfgras jetzt aus. Es ist gut geeignet, um dem Teich einen Hintergrund zu geben und den kleinen Tierchen ein Zuhause zu bieten.

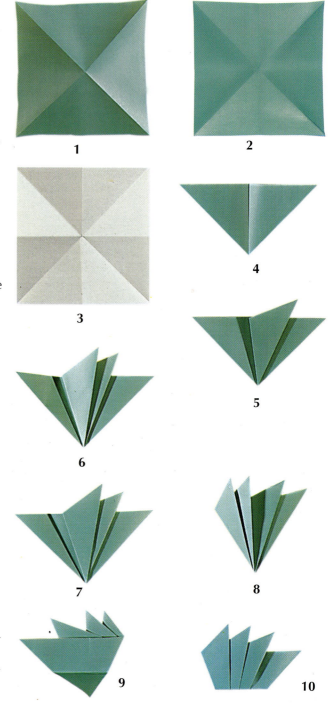

Der Goldfisch

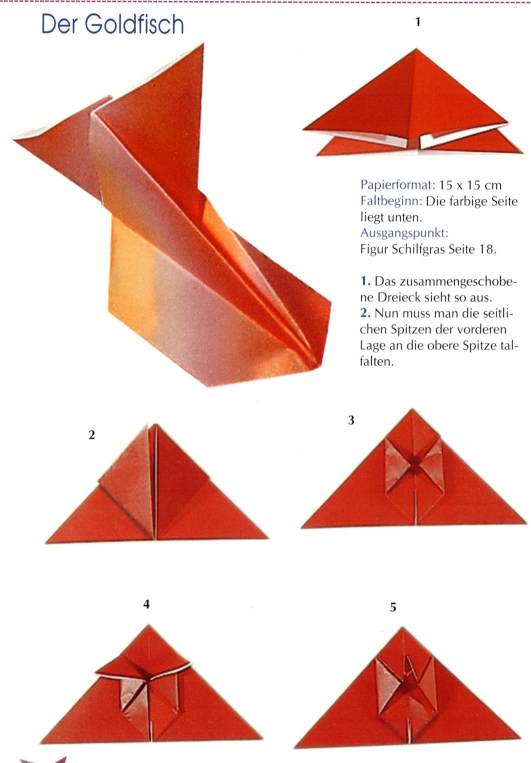

Papierformat: 15 x 15 cm
Faltbeginn: Die farbige Seite liegt unten.
Ausgangspunkt:
Figur Schilfgras Seite 18.

1. Das zusammengeschobene Dreieck sieht so aus.
2. Nun muss man die seitlichen Spitzen der vorderen Lage an die obere Spitze talfalten.

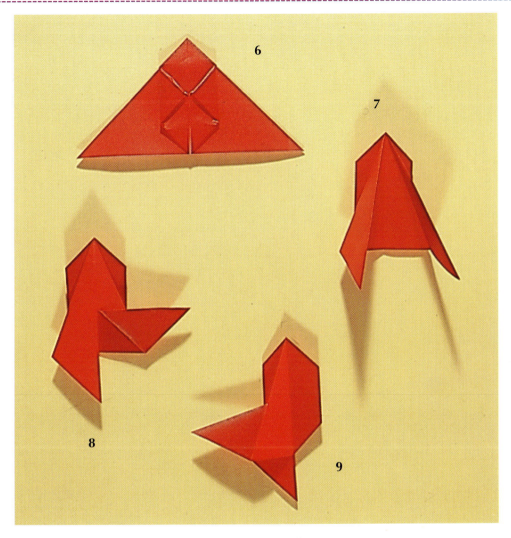

3. Beide seitlichen Spitzen werden jetzt zur senkrechten Mitte gefaltet.
4. Anschließend werden die beiden vorderen Spitzen über die beiden Dreiecke talgefaltet und wieder entfaltet.
5. Beide oberen Spitzen muss man im sichtbaren Bereich talfalten.
6. Stecken Sie nun die beiden vorgefalteten Dreiecke in die darunter liegenden Taschen und wenden Sie die Figur.
7. Nun werden die beiden äußeren Spitzen an die senkrechte Mitte gefaltet.

8. Die Figur sieht jetzt so aus.
Die rechte Flosse wird im angegebenen Bereich nach oben talgefaltet.
9. Jetzt legt man die Talfalte im mittleren Bereich an.
10. Um dem Goldfisch das richtige Volumen zu verleihen, bläst man in den hinteren Bereich mit einem Strohhalm etwas Luft. Unser Goldfisch ist fertig. Mit einem kleinen Ring versehen, kann man ihn zu einem Angelspiel benutzen.

Bunte Origamiwelt

In unserer bunten Origamiwelt gibt es rosafarbene Häuser, blaue Elefanten und jede Menge lilafarbener Mäuse! Und weil Mäuse nun einmal Käse lieben, darf auch der als Faltschachtel nicht fehlen!
Mit dem Hausmotiv und unserem Kastanienbaum lässt sich ein ganzes Dorf ausbauen, mit dem sich auch herrlich spielen lässt.

Der große Elefant

Für unseren Dickhäuter benötigen wir ein Papier mit einer schönen Oberfläche.

Papiergröße: 30 x 30 cm
Faltbeginn: Doppelseitig gefärbtes Papier verwenden.
1. Im mittleren Bereich werden jetzt Talfalten angelegt und wieder entfaltet.
2. Die vier Spitzen faltet man an die gefundene Mitte und wendet anschließend die Figur.
3. Die beiden äußeren Spitzen werden an die Mittelfalte gefaltet und wieder entfaltet.
4. Nun falten Sie aus der oberen Spitze heraus beide seitlichen Spitzen an die Mittelfalte.
5. Wir nehmen jetzt die beiden gegen-

7. Die Ohrenspitzen muss man jetzt leicht nach unten talfalten und wieder entfalten, vorne und unten.
8. Versenken Sie beide vorgefalteten Spitzen nach innen. Die Ohren werden nach unten gelegt.
9. Sie falten eine Bergfalte und entfalten sie; dieser Faltvorgang wird versenkt.
10. Den unteren Teil (Rüssel) nach rechts versenken. Der Elefant wird nun in diese

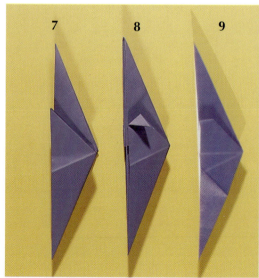

überliegenden äußeren Spitzen zwischen die Finger beider Hände, drücken sie leicht zusammen und heben die beiden Dreiecke an die senkrechte Mitte.
6. Die beiden seitlichen Ohren werden nun Richtung obere Spitze gefaltet. Eine Bergfalte wird im mittleren Bereich gefaltet.

Position gelegt und die obere Lage leicht angehoben. Dazwischen sind zwei lange Dreiecke versteckt. Diese muss man nun nach unten falten.

entfaltet. Jetzt wird zuerst das Schwänzchen gegeneinander und dann aufeinander gefaltet. Die vorhandenen unteren Falten werden wieder nach innen gefaltet. Versenken Sie den Rüssel nach innen und versehen Sie ihn noch einmal mit einem Knick.

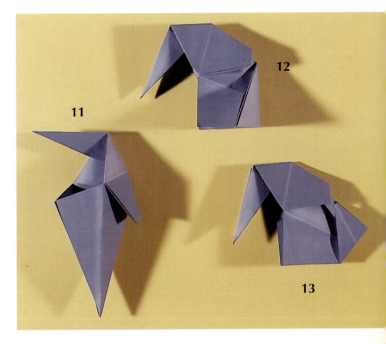

11. Die innen liegenden Dreiecke müssen herausgezogen werden. Die Figur leicht drehen. Die hintere Spitze an die vordere Spitze ziehen.

12. Die vorgefaltete Falte muss man nun nach innen versenken. Das entstandene Schwänzchen wird wieder leicht nach unten gezogen und zusammengedrückt.

13. Beide Teile müssen jetzt hinten und vorne nach innen berggefaltet werden. Der vordere und der hintere Teil des Kopfes wird nun nach unten talgefaltet und im vorderen Bereich mit einer Talfalte nach oben gebracht und wieder entfaltet.

14. Der Elefant erhält nun die richtige Form. Der untere Teil wird wieder

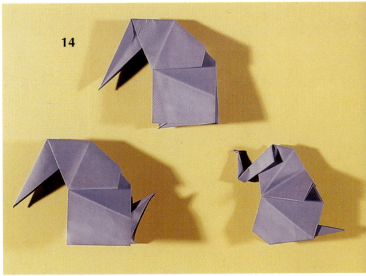

Der kleine Elefant

Kopf

Die Grundlage ist ein Papier mit einer schönen Oberflächenstruktur.

Papiergröße:
15 x 15 cm
Faltbeginn: Die farbige Seite liegt unten.

1. Zuerst wird der Kopf des kleinen Elefanten gefaltet. Zu Beginn müssen Sie zweimal diagonal talfalten und wieder entfalten.
2. Zwei gegenüberliegende seitliche Spitzen werden an die diagonale Mittelfalte gebracht. Es entsteht eine Drachenform.
3. Nun muss man erneut die beiden äußeren Spitzen an die Mittelfalte bringen.

4. Die vorgefalteten Talfalten muss man öffnen und daraus seitliche kleine dreieckige Spitzen bilden. Die Spitzen zeigen nach unten. Die Figur wird gewendet.

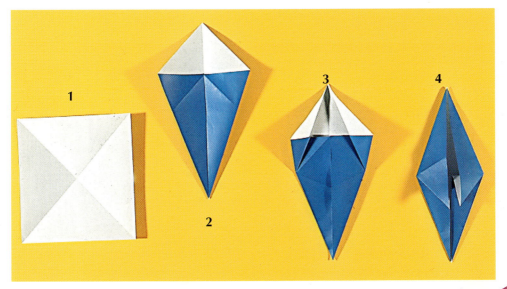

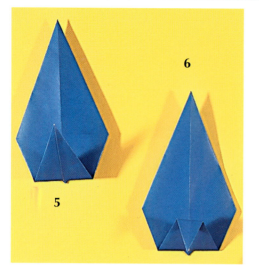

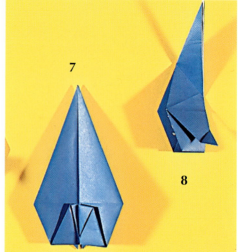

5. Die untere Spitze wird im abgebildeten Bereich nach oben gefaltet.
6. Die auf der Mitte liegende Spitze muss man jetzt im abgebildeten Bereich nach oben falten.
7. Talfalten im mittleren Bereich entstehen durch seitliches Aufeinanderlegen der seitlichen Spitzen.
8. Die vordere und die hintere Spitze wird talgefaltet und nach innen versenkt.
9. Die Berg- und Talfalten im abgebildeten Bereich sowie der Rüssel werden nach innen versenkt. Den Kopf muss man jetzt in die umgekehrte Position bringen. Die Ohren zeigen nach hinten.
10. Den nach unten zeigenden Rüssel muss man jetzt halbieren.
11. Eine Bergfalte im abgebildeten Bereich bringt den Rüssel nach oben.
12. Jetzt wird das Rüsselende zu einer kleinen Nase geformt. Der Kopf vom kleinen Elefanten ist fertig.

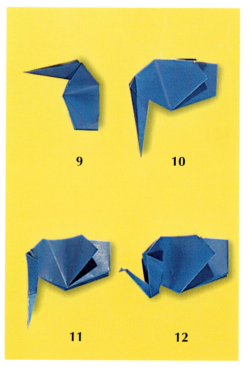

Körper

Die Grundlage ist ein Papier mit einer schöne Oberflächenstruktur.

Papiergröße:
15 x 15 cm
Faltbeginn: Die farbige Seite liegt unten.

1. Zuerst legt man eine durchgehende diagonale Mittelfalte im Bereich von oben nach unten an. Nun werden die beiden seitlichen Spitzen zur Mittelfalte gefaltet.
2. Die obere Spitze im Mittelbereich wird nach unten talgefaltet.
3. Öffnen Sie nun die Faltfigur und falten Sie sie im abgebildeten Bereich wieder zusammen.
4. Jetzt legen Sie im abgebildeten Bereich Talfalten an.
5. Die nach unten zeigende Spitze wird das Schwänzchen, davon muss man beide Spitzen nach unten talfalten und wieder öffnen.
6. Die seitlichen Diagonalen werden zur Mittelfalte gebracht. Dadurch bilden sich im oberen Bereich kleine Dreiecke.
7. Die beiden oberen Ecken muss man jetzt nach innen falten. Jetzt wird die Figur in der Mitte zusammengefaltet.
8. Nun muss man nur noch das hintere obere Teil durch eine Bergfalte über dem Schwänzchen versenken. Das hintere Teil ist jetzt auch fertig. Wir können nun den kleinen Elefanten ineinander stecken. Der Körper wird auf das Teil zwischen den Ohren gesteckt. Das Schwänzchen wird nach unten gezogen und die vorderen Spitzen nach innen berggefaltet. Unser kleiner Elefant ist fertig.

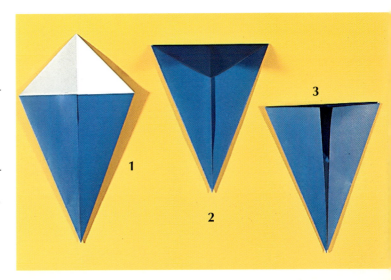

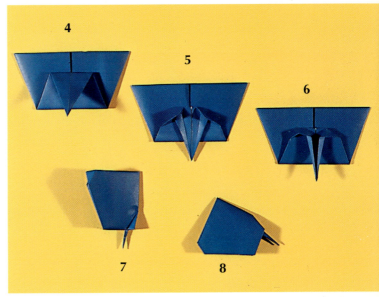

Die Maus

Papiergröße: 15 x 15 cm
Faltbeginn: Die farbige Seite liegt unten.

1. Eine Talfalte wird diagonal senkrecht zusammengefaltet.
2. Nun muss man die obere Spitze an die untere Spitze falten.
3. Die seitlichen Spitzen werden an die Mitte gefaltet.
4. Diese beiden Spitzen muss man nun im abgebildeten Bereich nach unten falten.
5. Die beiden Mäuseöhrchen werden nun leicht geöffnet und umgefaltet. Jetzt ist die nicht gefärbte Seite außen.

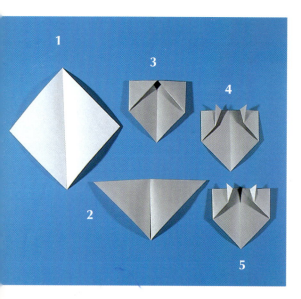

6. Im nächsten Schritt werden zwei Talfalten entlang der beiden Dreiecke und eine Bergfalte in der Mitte angelegt. Jetzt muss man die Maus wie abgebildet zusammenfalten.
7. Die Figur sieht jetzt so aus.
8. Eine Bergfalte auf beiden Seiten gibt der Maus jetzt schon die Form.
9. Die Schwanzspitze wird nach unten vorgefaltet und wieder entfaltet.
10. Die vorgefaltete Spitze muss man jetzt nach innen versenken. Die beiden oberen Spitzen werden nach innen gefaltet.
11. Eine Bergfalte bringt das Schwänzchen wieder nach oben.
12. Nun muss man noch den unteren Bereich auf beiden Seiten nach innen falten.
13. Der Schwanz wird noch ein bisschen gebogen und die Öhrchen ausgeformt. Die unteren Spitzen muss man noch nach innen falten. Unsere Maus ist fertig. Sie fühlt sich in einer großen Mäusefamilie übrigens am wohlsten.

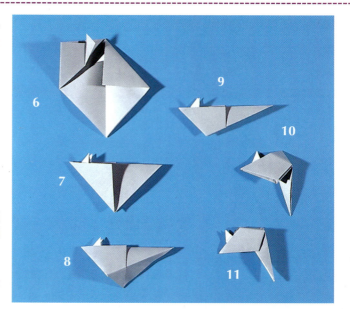

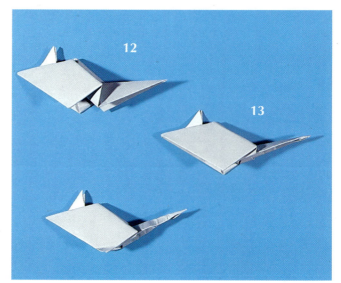

Das Käsestück

Die Vorlage (s. S. 64) wird auf ein Stück Tonpapier kopiert und an den äußeren Kanten entlang ausgeschnitten.

Die Verbindungen der Ecken und Spitzen werden mit einem Lineal und stumpfen Gegenstand hergestellt. Nun werden noch Schlitze in einige Verbindungen geschnitten und das Käsestück zusammengelegt. Vorher sollte man noch Löcher hineinschneiden oder mit einem Stanzeisen (15 mm) ausstanzen.

Das Häuschen

Boden

Papiergröße: 30 x 30 cm
Faltbeginn: Die farbige Seite liegt unten.

1. Zuerst sollte man zwei Talfalten anlegen und wieder entfalten.
2. Jetzt werden die vier Spitzen an den Mittelpunkt gefaltet.
3. Von diesen Spitzen muss wiederum eine entfaltet und die Spitze zweimal nach innen talgefaltet werden.
4. Die untere Kante wird nun an die obere Kante talgefaltet.
5. Jetzt muss man noch einmal die untere Kante an die obere Kante talfalten und wieder entfalten.
6. Die beiden unteren und die beiden oberen Spitzen der vorderen Lage werden zur waagerechten Mitte talgefaltet.
7. Jetzt muss man zwei senkrechte Talfalten zur Mitte falten und entfalten.
8. Die obere Kante der vorderen Lage wird an die untere Kante gefaltet.
9. Berg- und Talfalten werden im abgebildeten Bereich angelegt. Die vordere Lage muss man leicht nach vorne anheben.
10. Die beiden hinteren Spitzen werden aufeinander gefaltet und nach vorne in die seitlichen Taschen gesteckt.
11. Das Unterteil vom Häuschen ist fertig und hat eine seitliche Tasche.

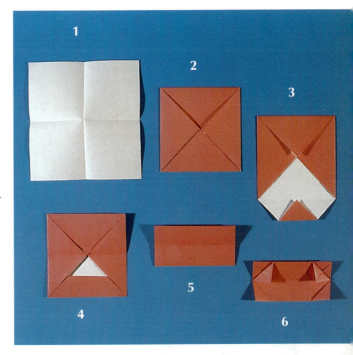

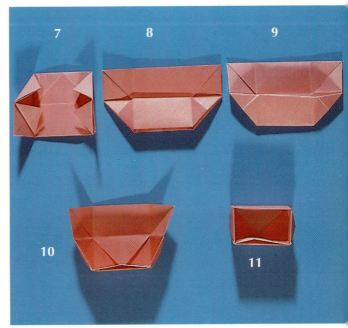

Dach

Papierformat: 30 x 30 cm
Faltbeginn: Die farbige Seite liegt oben.

1. Diagonale, horizontale und vertikale Talfalten werden im angegebenen Bereich angelegt.
2. Die vier äußeren Spitzen muss man zur Mitte falten und wieder entfalten.

3. Mit den vier äußeren Spitzen nimmt man Talfalten im angegebenen Bereich vor.

4. Nun werden wieder die vier äußeren Kanten zur Mitte hin talgefaltet.

5. Unsere Figur sieht jetzt wie ein Rahmen aus. Die Figur wird gewendet.

6. Nun werden die beiden seitlichen Kanten an die Mitte gefaltet. Die Falte eines innen liegenden Dreiecks wird nach außen gefaltet.

7. Die Figur sieht jetzt so aus. Nehmen Sie sich nun Talfalten im abgebildeten Bereich vor.

8. Die vier Spitzen vom Quadrat müssen aus der Mitte heraus talgefaltet werden.

9. Nun muss man die zwei Teile gegenüberliegend zur Windmühlenform seitlich auseinander ziehen. Diesen Faltvorgang wiederholt man im oberen Bereich.

10. Jetzt faltet man Talfalten im senkrechten und waagerechten Bereich und entfaltet sie wieder.

11. Die oberen und unteren Dreiecke werden entgegengesetzt ineinander gesteckt. Das innenliegende große Dreieck muss leicht nach außen gefaltet werden. Zweimal talfalten im abgebildeten Bereich.

Das Dach ist fertig. Das seitliche Dreieck muss man in die Tasche des Bodens stecken.

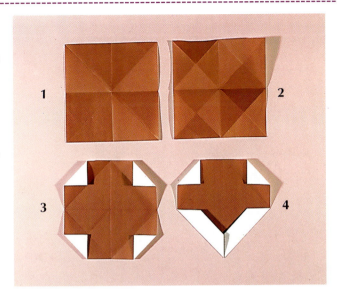

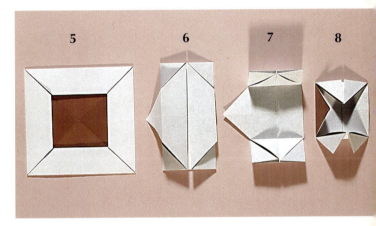

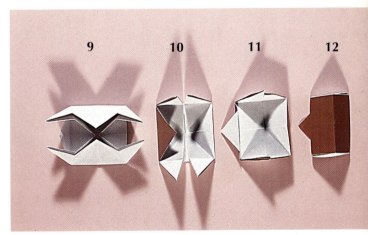

Der Kastanienbaum

Papierformat: 30 x 30 cm, einmal in der Mitte halbieren.
Faltbeginn: Die farbige Seite liegt unten.

1. In der Mitte wird eine Talfalte gefaltet. Beide seitlichen Kanten werden an die Mittelfalte gebracht.
2. Erneut muss man die äußeren Kanten an die Mitte falten und wieder total entfalten.
3. Jetzt faltet man Bergfalten im angegebenen Bereich zur Mittellinie hin. Die Figur wird gewendet.
4. Berg- und Talfalten werden im abgebildeten Bereich vorgenommen.
5. Vom nach oben gefalteten Teil werden die seitlichen Spitzen der oberen Lage talgefaltet und in Richtung Mitte zu kleinen Dreiecken geformt. Seitliche Teile zur Mitte falten.
6. Unser Baum sieht jetzt so aus. Nun muss man die obere breite Fläche in die Mitte talfalten.
7. Die beiden oberen Spitzen werden talgefaltet und versenkt.
8. Die vier Spitzen der unteren zwei Lagen werden nach innen berggefaltet und versenkt.
9. Eine Bergfalte entsteht im senkrechten Bereich. Die Figur wenden.
10. Stamm und Krone ausformen. Der Kastanienbaum ist fertig!

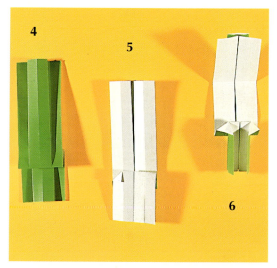

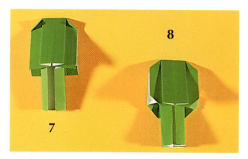

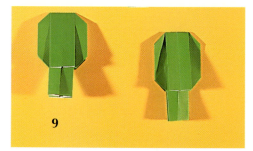

Schachteln

Die roten Knöpfe aus Omas Nähkästchen, der ausgefallene Milchzahn, ein vierblättriges Kleeblatt, die Eintrittskarte vom Besuch im Märchenland – Kinder haben immer etwas, was sie gerne aufbewahren möchten. Schachteln sind ideal dafür. Weil die Schätze unterschiedlich groß sind, gibt es auch die Schatzkistchen in unterschiedlichen Größen. Das Besondere: Jede kleinere Box passt in eine größere. Also zwei Würfelschachteln in eine Bausteinschachtel, zwei Bausteine in eine Quadratschachtel. Deckel drauf und schon kann nichts mehr verloren gehen. Für die kleinen Boxen gibt es außerdem bunte Umverpackungen, die sie zusammenhalten.

Eine besonders dekorative Idee ist die Sonnenblumenschachtel. Sie eignet sich aber nicht nur als Schmuckkästchen, sondern ist auch eine schöne Geschenkverpackung. Mehrere Sonnenblumen-Schachteln auf unterschiedlich hohe Schaschlikspieße gesteckt, ergeben in einem Blumentopf ein hübsches Gesteck, in einer Vase einen schönen Strauß.

Tipp: Mit den Bausteinen und den Umverpackungen lassen sich auch kleine bunte Häuser oder Burgen bauen.

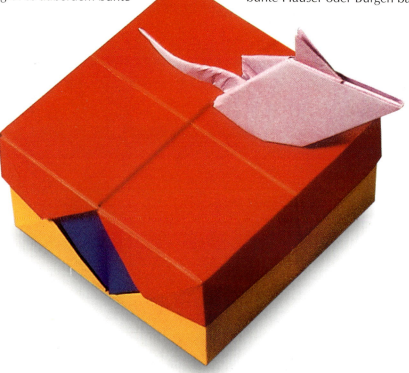

Die Würfelschachtel mit Deckel

Papierformat: 2 Papiere 15 x 15 cm, für den Boden etwas kleiner schneiden.
Faltbeginn: Die farbige Seite liegt unten.

1. Zuerst muss man die untere Kante an die obere Kante im mittleren Bereich talfalten. Dann muss man die untere Kante an die obere Kante falten und entfalten.
2. Den oberen Teil muss man abschneiden und aufheben, wir machen später noch einen Kullerfisch daraus. Die Figur sieht jetzt so aus. Der untere Teil wird entfaltet.
3. Das Papier wird in die angegebene Position gedreht und in der Mitte talgefaltet.
4. Noch einmal muss man jetzt die untere Kante an die obere Kante talfalten und entfalten.
5. Die unteren Spitzen und die oberen Spitzen der vorderen Lage werden zur waagerechten Mitte gefaltet.
6. Zwei senkrechte Talfalten werden im abgebildeten Bereich gefaltet und entfaltet. Die obere Kante bringt man an die untere Kante.
7. Die Figur sieht jetzt so aus.
8. Jetzt legt man zwei diagonale Bergfalten im abgebildeten Bereich an. In den mittleren Bereich greift man hinein und bringt diesen Teil nach vorne. Jetzt formt man das Papier aus und faltet die seitlichen Talfalten nach.
9. Den hinteren Teil muss man nach oben bringen und zwei seitliche Dreiecke bilden. Die seitlichen Dreiecke werden in die jeweils davor liegende Tasche gesteckt. Unser Deckel ist fertig. Nun muss man aus dem etwas kleineren Papier den Boden falten. Man kann die Schachtel natürlich auch aus größeren Papieren falten.

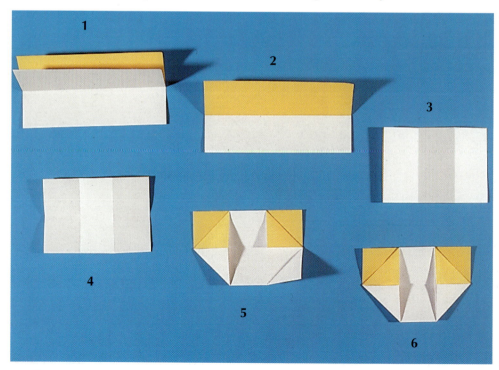

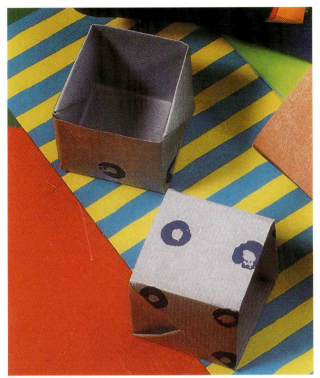

10. Die Schachtel ist fertig.

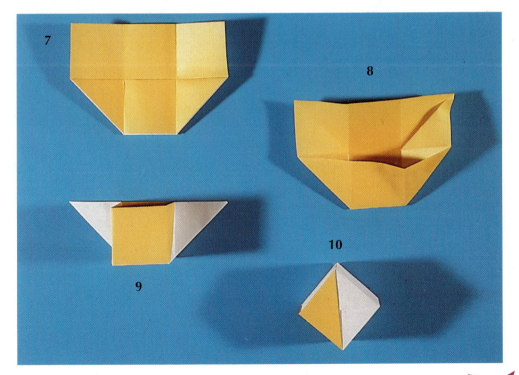

43

Bausteinschachtel

Papierformat: 2 Papiere 15 x 15 cm
Faltbeginn: Die farbige Seite liegt oben.

1. Die untere Kante wird an die obere Kante talgefaltet. Jetzt muss man noch einmal die untere Kante an die obere Kante falten und entfalten.
2. Die unteren Spitzen und die beiden Spitzen der oberen, vorderen Lage werden zur Mittelfalte gebracht. Zwei senkrechte Talfalten faltet man zur Mitte und entfaltet sie wieder.
3. Die obere Kante im vorderen Bereich wird an die untere Kante talgefaltet.
4. Den mittleren Teil muss man jetzt nach vorne bringen und den Baustein ausformen. Der Baustein wird noch einmal gefaltet und beide Teile in die seitlichen Taschen nach innen und außen geschoben. In diese Schachtel passen wiederum vier kleine Würfelschachteln. Den Boden muss man jetzt noch mit einem Deckel zu einer Schachtel verschließen.

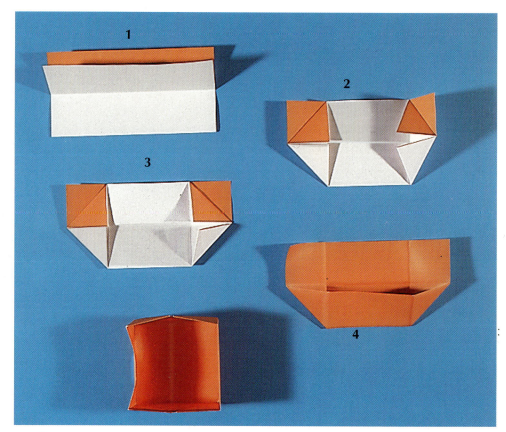

Die Ziegelsteinschachtel

Papierformat: 15 x 15 cm
Faltbeginn: Die farbige Seite liegt oben.

1. Die untere Kante wird an die obere Kante gefaltet. Erneut wird die untere Kante an die obere gefaltet und wieder entfaltet.
2. Nun muss man die unteren Spitzen und die Spitzen der oberen Lage an die waagerechte Mittelfalte bringen.
3. Die obere Kante wird an die untere Kante gefaltet. Beide seitlichen Kanten muss man an die Mitte falten und entfalten.
4. Den mittleren Bereich bringt man nach vorne und formt ihn seitlich aus.
5. Nun faltet man noch zwei seitliche diagonale Talfalten.
6. Den hinteren Teil muss man nach oben bringen. Es entstehen linke und rechte Dreiecke.
7. Diese Dreiecke werden in die seitlichen Taschen gesteckt. Die Ziegelsteinschachtel ist fertig. Aus dem etwas kleiner geschnittenen Papier kann man nun den Boden falten.
8. Die obere Kante wird an die untere Kante gefaltet. Aus vier ineinander gesetzten Ziegelsteinschachteln entsteht eine neue quadratische Form.

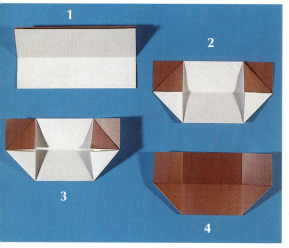

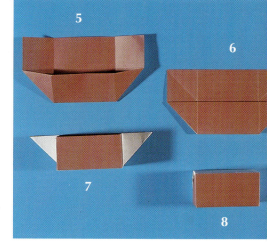

Die Umverpackung für die Bausteinschachteln

Papierformat: 2 Papiere 15 x 15 cm
Faltbeginn: Die farbige Seite liegt unten.

1. Zuerst sucht man den Mittelpunkt.
2. Nun wird die obere Kante und die untere Kante an diese gefundene Mitte gebracht und wieder entfaltet. Die Figur drehen.
3. Die obere Kante und die untere Kante wird wieder an die Mitte gefaltet und entfaltet.
4. Die vier äußeren Spitzen werden im abgebildeten Bereich talgefaltet.
5. Beide seitlichen Kanten müssen zur Mitte gefaltet und wieder entfaltet werden.
6. Jetzt legt man Talfalten im angegebenen Bereich an.
7. Die seitlichen Kanten muss man zur Mitte hin talfalten. Jetzt muss man noch die vier an der Mittelfalte liegenden Spitzen um die jeweils äußeren Kanten falten.

Die äußeren Kanten werden ausgeformt und die Seitenflächen nach oben gestellt.
8. In diesen Behälter passen zwei Ziegelsteinschachteln oder vier Würfelschachteln. Faltet man noch ein Teil, kann man damit die Schachtel schließen.

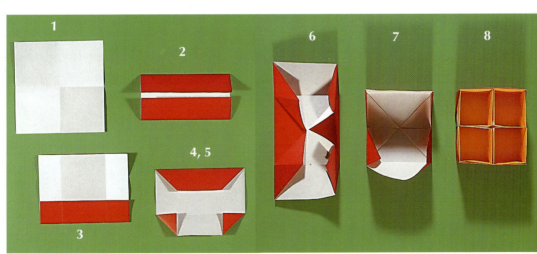

Die Sonnenblumenschachtel

Papierformat: 3 Papiere 15 x 15 cm
Faltbeginn: Doppelseitig gefärbtes Papier verwenden.

1. Zu Beginn faltet man zwei diagonale Talfalten und entfaltet sie wieder. Die Figur wird gewendet. Zwei Talfalten müssen nun im abgebildeten Bereich gefaltet werden.
2. Die vier Spitzen werden über der Mitte zusammengebracht. Es gibt hierbei eine geschlossene und eine geöffnete Spitze. Man legt die offene Spitze nach oben.
3. Die seitlichen Spitzen der oberen Lage werden zur Mittelfalte gebracht. Sie werden gefaltet und wieder entfaltet. Nun muss man den Faltvorgang auf der Rückseite wiederholen. Aus den Vorfalten bildet man große Tüten, dies geschieht mit allen vier Möglichkeiten.
4. Jetzt werden die seitlichen Spitzen aufeinander gefaltet. Man wiederholt den Faltvorgang auf der Rückseite.
5. Die Form sieht jetzt so aus.
6. Die beiden gegenüberliegenden Spitzen werden zur Mittelfalte gebracht. Diesen Faltvorgang muss man auf der Rückseite wiederholen, auch im Innenbereich.
7. Die untere Spitze bis zum Beginn der seitlichen unteren Spitze wird nach oben talgefaltet und wieder entfaltet.
8. Die obere Spitze muss man bis zum Widerstand nach unten falten. Diesen Faltvorgang wiederholt man hinten. Nun muss man die Figur schließen und mit den verbleibenden zwei Möglichkeiten wiederholen.
9. Jetzt fasst man in die Schachtel hinein und formt den Rand und den Boden aus.

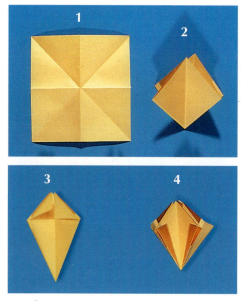

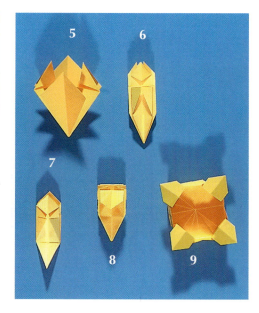

Diesen ganzen Vorgang muss man aus dem zweiten Papier falten und ineinander setzen. Das dritte Papier wird genauso gefaltet, nur dass die Spitzen nach innen gefaltet und in umgekehrter Form hineingesetzt werden.
Unsere Sonnenblumenschachtel ist jetzt fertig.

Spielzeug

Eine längere Busfahrt, ein Familienfest, eine Vereinsfeier – Kindern wird bei solchen Anlässen meist schnell langweilig. Doch das Spielzeug liegt zu Hause, Origami entpuppt sich da oft als Nothelfer. Papier findet sich schließlich fast überall, zur Not tut's auch ein Speisezettel, ein Prospekt oder eine Seite aus einer Zeitschrift.

Geschicklichkeit ist auch beim Kreisel gefragt. Kreiselspiele gibt es übrigens viele. Zum Beispiel: Vor wem der Kreisel liegen bleibt, der muss auf einem Bein rückwärts um den Tisch hüpfen oder eine andere lustige Aufgabe erfüllen. Oder: Pro Runde scheidet der aus, dessen Kreisel zuerst umfällt. Am Ende wird der beste Kreiselspieler Sieger.

Für das Windrad reicht die eigene Puste. Man befestigt es entweder auf einem Stock oder man wirft es einfach in die Luft und beobachtet, wie es sich schön zu Boden schraubt.

Tipp: Windräder sind auch eine originelle Dekoration. Man kann sie auf Geschenken befestigen, in Blumensträuße binden oder bei Gartenfesten verwenden.

Frisbeescheibe und Papierflieger sind einfache Wurfspiele, mit denen sich Kinder trotzdem immer wieder gern beschäftigen. Eine neue Variation ist der „fliegende Kullerfisch". Wenn man ihn aus einer gewissen Höhe fallen lässt, trudelt er lustig zu Boden. Stehen alle auf dem gleichen Startpunkt, lässt sich, ähnlich wie mit Frisbee und Flieger, ein spannendes Zielwerfen veranstalten. Mit einem Faden und einer Holzperle, zur Not tut's auch ein Knopf, wird aus der einfachen Tüte ein Becherspiel und damit eine echte Herausforderung. Wer kann die Perle so geschickt in die Luft werfen, dass er sie mit dem Becher wieder auffangen kann?

Die Frisbeescheibe

Papierformat: 15 x 15 cm in vier Teile schneiden.
Faltbeginn: Die farbige Seite liegt unten.

1. Zu Beginn wird eine Talfalte wie angegeben gefaltet.
2. Im zweiten Schritt folgt eine diagonale Talfalte.
3. Wenden Sie jetzt die Figur.
4. Wiederholen Sie für diese Seite die obige Faltung. Insgesamt werden so 7 „Bauteile" – nach Möglichkeit in verschiedenen Farben – gefaltet.
5. Zwei Bauteile werden ineinander gesteckt und die beiden oberen Spitzen in den beiden Taschen nach innen zur Mitte gefaltet.
6. + 7. In dieser Reihenfolge fahren Sie fort, bis alle Bauteile zu einem Ring zusammengesteckt sind.
8. Unser Ring ist fertig und kann auch gut als Flieger eingesetzt werden.

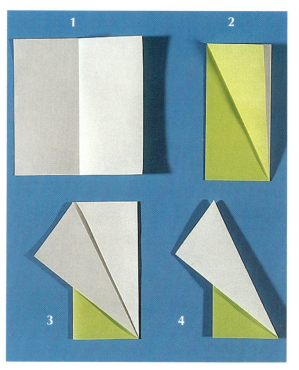

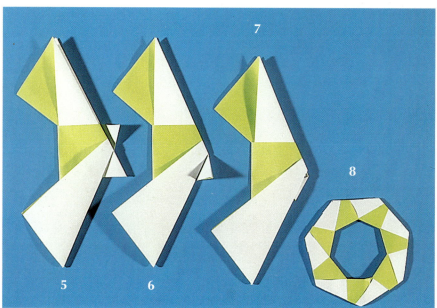

Der Kullerfisch

Papierformat: Ein Streifen Papier in beliebiger Breite und Länge.
Faltbeginn: Doppelseitig gefärbtes Papier verwenden.

1. Zuerst legt man eine Talfalte in der Mitte des Streifens an.
2. Den Streifen muss man auseinander falten und in der Mitte auseinander schneiden. Dann nimmt man an den Enden einen kleinen Einschnitt einmal von oben und einmal von unten bis zur Hälfte des Streifens vor.
3. Die gegenseitig eingeschnittenen Teile werden ineinander gesteckt. Den vorderen Teil des Fisches lässt man ausgerundet und knickt ihn nicht zusammen. Wenn man jetzt das Fischlein hoch in die Luft wirft, wird es mit vielen kleinen Drehungen wieder zur Erde zurückkehren.

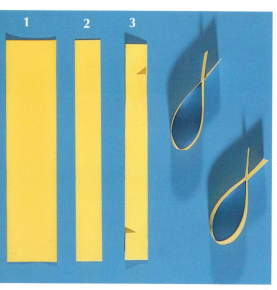

Der Papierflieger

Papierformat: Ein Blatt DIN A4-Papier
Faltbeginn: Die farbige Seite liegt unten.

1. Falten Sie zu Beginn die seitliche Kante auf die seitliche Kante und entfalten Sie sie. Im mittleren Bereich ist eine Talfalte entstanden.
2. Die beiden oberen seitlichen Spitzen werden an die Mittelfalte gebracht.
3. Falten Sie jetzt die obere Spitze nach unten. Der Abstand vom oberen Dreieck beträgt 2 cm.
4. Die seitlichen oberen Ecken werden jetzt an die Mitte gefaltet.
5. Das kleine mittlere Dreieck muss man nun nach oben falten.
6. Nun faltet man die seitliche Kante mit einer Talfalte an die Mitte und wendet die Figur.
7. Der Faltvorgang besteht darin, in der Mitte talzufalten.
8. Der Flieger wird gut ausgeformt. Man hält ihn am kleinen Dreieck in der unteren Mitte und wirft ihn leicht in die Luft. Es ist wirklich ein Superflieger!

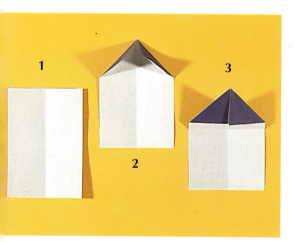

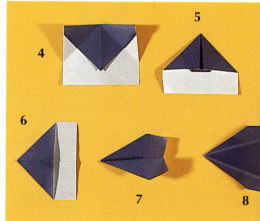

Das Becherspiel

Papierformat: 15 x 15 cm und größer
Faltbeginn: Die farbige Seite liegt unten.

1. Zu Beginn wird das Papier einmal diagonal talgefaltet.
2. Die Spitze zeigt jetzt nach oben. Nun talfaltet man eine seitliche obere Kante an die untere Kante und entfaltet sie wieder.
3. Jetzt muss man eine untere Spitze im angegebenen Bereich talfalten.
4. Danach wird die gegenüberliegende Spitze darüber talgefaltet.
5. Das vordere Dreieck steckt man in die darunter liegende Tasche.
6. Die Figur wird gewendet.
7. Nun muss man das obere Dreieck nach innen bergfalten.
8. Der Becher ist fertig. Abschließend greift man hinein und formt den Boden leicht aus. Mit einer Schnur und einer kleinen Kugel versehen eignet er sich vorzüglich als Spielzeug und Fangelement.

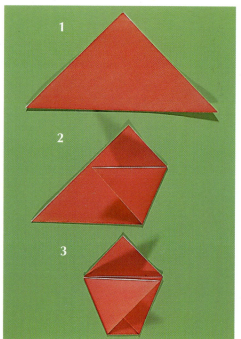

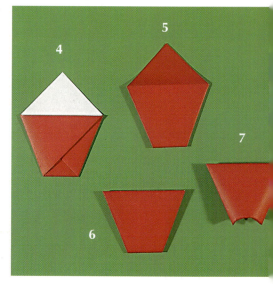

Der bunte Kreisel

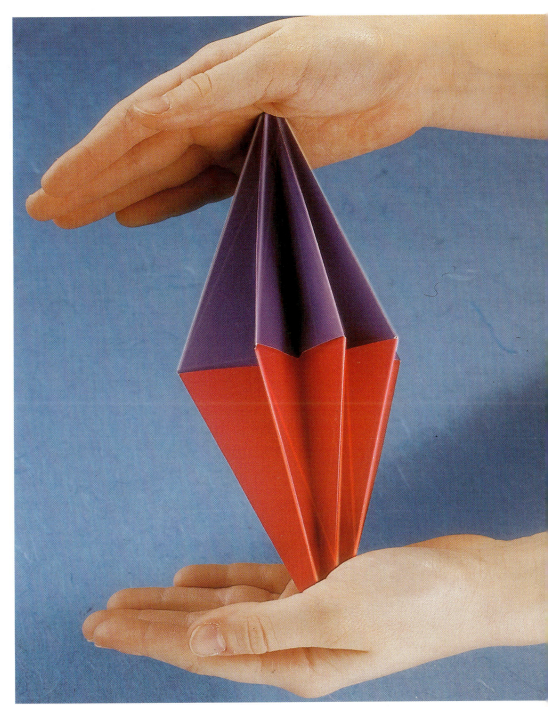

Papierformat: Zwei Papiere 15 x 15 cm
Faltbeginn: Die farbige Seite liegt unten.

1. Das Papier wird zweimal diagonal gefaltet und wieder entfaltet.
2. Die Figur wird jetzt gewendet. Nun eine senkrechte und waagrechte Talfalte falten und entfalten.
3. Die vier Spitzen über der Mitte zusammenbringen. Wir haben nun ein zusammengeschobenes Quadrat.
4. Zwei Talfalten im abgebildeten Bereich mit der vorderen Lage falten und entfalten.
5. Der Faltvorgang wird auf der Rückseite wiederholt.
6. Linke seitliche Kante der vorderen Lage auf die rechte falten. Mit den verbleibenden Möglichkeiten wiederholen.
7. Unser Baustein sieht jetzt so aus.
8. Nun muss man zwei Bausteine ineinander schieben. Zwischen beiden Händen gehalten kann man hineinblasen. Mit einem Holzstäbchen in der Waagerechten gehalten, dreht sich der Kreisel im Luftstrom.

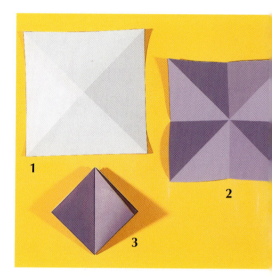

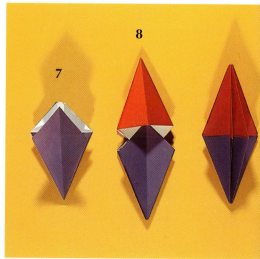

Das Windrad

Papierformat: Vier bunte Quadrate Papier in der Größe 7,5 x 7,5 cm
Faltbeginn: Die farbige Seite liegt unten.

1. Eine Talfalte im mittleren Bereich steht am Anfang der Faltung.
2. Nun werden die beiden äußeren Kanten an die Mittelfalten gefaltet.
3. Jetzt legt man 2 diagonale Talfalten gegenüberliegend an.
4. Das obere und untere kleine Dreieck wird nach innen berggefaltet.
5. Jetzt steckt man die obere linke und die untere rechte Ecke unter die Mittelfalte.
6. Durch Talfalten werden die beiden Spitzen der oberen Lage nach rechts bzw. nach links gefaltet. Ein Muster ist entstanden.
7. Fertig ist unser Baustein, denn unser Rad besteht ja aus vier Teilen: Also vier Stück hiervon falten.
8. Jetzt muss man, wie auf dem Foto zu sehen, einen Baustein im Uhrzeigersinn ineinander stecken und auch mit den verbleibenden Teilen so verfahren.
9. Unser Teil sieht jetzt wie ein Stern aus. Die vier äußeren Spitzen in die gegenüberliegenden Taschen talfalten und die Spitzen in die Tasche stecken.
10. Nun kann man noch ein Holzstäbchen zuspitzen und in die Mitte hineinkleben.

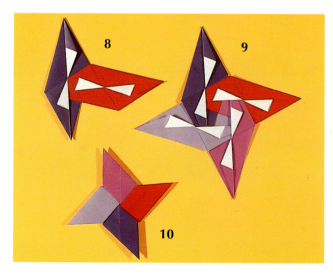

Faltgrundformen

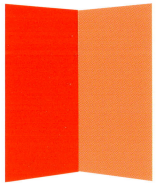
Grundform Talfalte

Grundform Bergfalte

Figur drehen

Figuren wenden

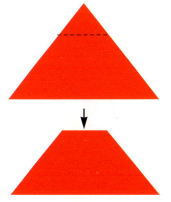
Grundform versenken

Grundform versenken

falten und entfalten

Zeichnung Käseschachtel

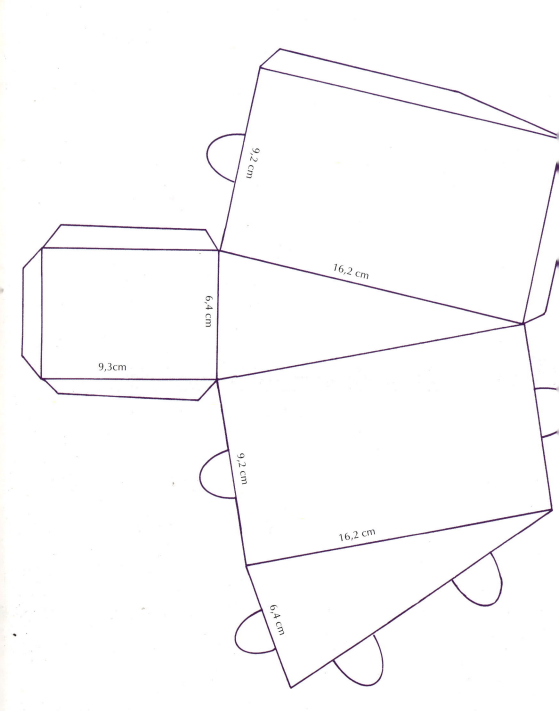